AF509328

INTERMEDES
EN MUSIQUE,

QUI SERONT CHANTEZ
A LA TRAGEDIE
DE
SOPHRONIE,

Sur le Théatre du College

de LOVIS LE GRAND.

Le XVI. Fevrier 1692.

A PARIS,

Chez la Veuve de SIMON BENARD, ruë Saint Jacques,
vis-à-vis le College de LOUIS LE GRAND.

M. DC. XCII.
AVEC PERMISSION.

SUIET DU PROLOGUE.

LA tranquilité dont joüiſſent les François malgré les troubles qui agitent preſque toutes les autres Nations de l'Europe, a donné occaſion au Prologue de la Paix & de la Victoire : Nous n'avons jamais eu plus d'Ennemis à combattre, & jamais nous n'avons eſté plus heureux & plus tranquiles. C'eſt ce qu'on a tâché d'exprimer dans l'Idylle ſuivante, où la Victoire & la Paix s'uniſſent, pour augmenter encore, s'il eſt poſſible, la gloire du Roy, & le bonheur de ſes Sujets.

ACTEVRS DV PROLOGVE.

LA PAIX.

LA VICTOIRE.

SUITE DE LA PAIX.

SUITE DE LA VICTOIRE.

CAPTIFS DE MER.

CAPTIFS DE TERRE.

Le Theatre repreſente les bords de la Seine.

UNION
DE LA VICTOIRE
ET
DE LA PAIX.
PROLOGUE.

SCENE PREMIERE.

LA PAIX,

CHOEUR qu'on entend & qu'on ne voit point.

LE CHOEUR.

Vions, fuions le bruit des armes.

LA PAIX.

Revenez plaisirs, revenez.

LE CHOEUR.

Fuions, fuions le bruit des armes,
Mars fait regner icy la guerre & les allarmes,
Evitons des climats qui luy font deſtinez,
Fuions, fuions le bruit des armes.

LA PAIX.

Revenez, plaiſirs, revenez,
Quel ſeiour deſormais aura pour vous des charmes,
Si vous n'en trouvez plus dans ces lieux fortunez ?
Revenez, plaiſirs, revenez.

LE CHOEUR.

Fuions, fuions le bruit des armes.

LA PAIX.

Revenez, plaiſirs, revenez.

SCENE SECONDE.

LA PAIX.

Suite de la Paix, les Plaiſirs, les Jeux, &c.

LE CHOEUR.

C'Eſt la paix qui nous appelle:

Accou-

Accourons, rangeons-nous auprés d'elle :
Trop heureux à jamais,
Qui suit toûjours la paix.

LA PAIX.

Plaisirs volages,
Où fuiez-vous?
Revenez tous
Sur ces rivages.
Ces tranquiles bocages,
Sont faits pour nous,
Rien n'est plus doux
Que ces charmans ombrages.
Où fuiez-vous,
Plaisirs volages?
Plaisirs volages,
Revenez tous.

UN PLAISIR.

Ces beaux lieux jusqu'icy nous ont servi d'azile,
On n'y poussoit que d'innocens soupirs ;
Mais ce sejour autrefois si tranquille,
Ne sera plus le sejour des plaisirs.

UN AUTRE PLAISIR.

Nous vous suivons, Deesse aimable,

En quels lieux portez-vous vos pas?
Quels seront les heureux climats,
Qui gouteront un bien toujours trop peu durable?

LA PAIX.

Nous n'irons point ailleurs répandre nos bienfaits:
Ne craignez plus Mars ny Bellone,
Le plus grand Roy du monde ordonne,
Que la victoire enfin s'unisse avec la paix.

LOUIS nous affranchit des fureurs de la guerre,
Un plein repos nous est permis.

LA PAIX & LE CHOEUR.

Ce n'est que sur ses ennemis
Qu'on entend gronder le tonnerre,
Les peuples qui luy sont soumis,
Sont les plus heureux de la terre.

LA VICTOIRE

Regnez plaisirs, regnez toûjours,
Un Roy victorieux par mes soins vous rassemble:
Qu'importe à ses Sujets que tout l'Univers tremble?
Plus il est redouté, plus ils ont de beaux jours.

UN PLAISIR.

Tout nostre empressement ne peut le satisfaire.

En vain nous cherchons à luy plaire :
Que peuvent les plaisirs sur le cœur des Heros ?
Toûjours ennemis du repos,
C'est la valeur qui les emporte :
Et malgré nos attraits la gloire est la plus forte.

DEUX PLAISIRS.

Belles fleurs naissez sous nos pas,
Prévenez la saison nouvelle :
Pourquoy redouter les frimats ?
Imitez le Heros qui regne en ces climats :
Quand le Dieu des combats l'appelle,
L'Hyver & les glaçons ne le retiennent pas.

UN PLAISIR.

Fortunez Habitans des rives de la Seine,
Vous voyez combler vos desirs ;
Quand l'Aquilon a chassé les Zephirs,
C'est le Printems qui les ramene :
Mais la guerre inhumaine
N'a pû vous ravir les plaisirs.

On entend une simphonie triomphante,

LA PAIX.

Les tambours & les trompettes
Ne doivent plus nous allarmer :

En faveur de l'accord que nous allons former,
Nous joindrons à nos musettes
Les tambours & les trompettes.

LE CHOEUR.

Les tambours & les trompettes
Ne doivent plus nous allarmer.

SCENE TROISIE'ME.

LA VICTOIRE. LA PAIX.

Suite de la Paix & de la Victoire. Captifs de Mer,
Captifs de Terre.

LA PAIX.

Venez, venez, fiere Victoire.

LA VICTOIRE.

Venez, venez, tranquille Paix.

LA PAIX,

Vn Heros plein de gloire
Ordonne à la Paix,
De s'unir désormais
Avec la Victoire.

LA

LA VICTOIRE.

Vn Heros plein de gloire
Ordonne à la Victoire,
De s'unir deformais
Avec la Paix.

LA VICTOIRE & LA PAIX.

O douce intelligence
Que vous avez d'attraits?
Non, vous ne finirez jamais,
Nous garderons avec conftance
Les fermens que nous avons faits.
O douce intelligence,
Non, vous ne finirez jamais!

LA PAIX.

Ie jure de nouveau,

LA VICTOIRE.

de nouveau je promets.

LA PAIX & LA VICTOIRE.

Que nul defir de preference
Ne pourra des-unir la Victoire & la Paix.
O douce intelligence
Que vous avez d'attraits!

C

Non, vous ne finirez jamais.

LA PAIX.

Allez, faites regner sur la Terre & sur l'Onde,
Le Heros qu'à l'envi nous servons toutes deux :
Vous ne ferez que des heureux,
En luy soumetant tout le Monde,

LA VICTOIRE.

Ie l'ay suivi dans l'horreur des combats,
Il m'a toûjours trouvé fidelle :
C'est mon destin de marcher sur ses pas,
Et de voler partout où sa gloire m'appelle.
Vingt Rois liguez ne lui resistent pas,
Il ordonne, je pars, je vais lancer sa foudre.
Si sa bonté cent fois n'eust desarmé mon bras,
I'aurois déja réduit ses ennemis en poudre,
Mais il veut épargner jusques à des ingrats,

LA PAIX.

Tandis que je l'occupe en des festes nouvelles;
Vous lui préparerez des triomphes nouveaux :
Pour rendre mes fêtes plus belles,
Rendez ses triomphes plus beaux.

LA VICTOIRE.

Et vous, que j'ay soumis à son obéïssance,

Laiſſez-le ſur vos cœurs étendrè ſa puiſſance,
Au milieu de vos fers eſtimeζ-vous heureux :
Vous ſçavez ſa valeur, éprouvez ſa clemence,
Entrez dans nos plaiſirs, prenez part à nos jeux.

DEUX MATELOTS CAPTIFS.

Quelquefois on échappe à l'orage :
LOUIS frape, on ne peut échaper à ſes coups ;
Mais on périt dans le naufrage,
Et dans ſon eſclavage
On fait des jaloux.

DEUX CAPTIFS DE TERRE.

On ne peut trop aimer ſes chaînes,
Quand l'amour aide à les porter.
Un Heros, à qui ſeul rien ne peut réſiſter,
En nous faiſant captifs a fait ceſſer nos peines :
Qu'il triomphe toujours, que cens peuples divers,
Contens d'un ſort ſi doux ſe chargent de ſes fers.

LA PAIX & LA VICTOIRE.

Laiſſons à ſa bonté le ſoin de le contraindre,
A calmer pour jamais l'Vnivers allarmé.
La vertu ſeule peut éteindre
Son tonnerre fatal, dés qu'il eſt allumé.
Il eſt beau de ſe faire craindre,
Quand on eſt ſeur d'eſtre encor plus aimé.

SUITE DE LA PAIX.

Il sera toujours aimable,
On l'aimera toujours.

SUITE DE LA VICTOIRE.

Il sera toujours redoutable,
On le craindra toujours.

SUITE DE LA PAIX.

Il est l'autheur des beaux jours,
Dont la France joüit dans un repos durable.
Il sera toujours aimable,
On l'aimera toujours.

LES DEUX CHOEURS.

Il sera toujours aimable,
On l'aimera toujours.
Il sera toujours redoutable,
On le craindra toujours.

Fin du Prologue.

ON a tiré de chaque partie de la Tragedie Latine, les sentimens qu'on a jugé les plus propres à estre mis en Musique. Le sujet est pris du second Livre de la Jerusalem du Tasse. Quoy que les Intermedes François ayent du rapport à chaque Acte Latin, ils n'ont point de liaison entr'eux. On a crû donner par ce moyen plus de liberté & plus d'agrément à la Musique.

SUJET

DU PREMIER INTERMEDE.

ON represente dans le premier Acte les enchantemens d'Ismene. Ce Magicien fameux avoit promis à Aladin Sultan de Jerusalem, qu'il deffendroit ses Estats contre l'Armée de Godefroy, qui venoit les conquérir : mais le secours du Ciel, & la valeur de ce General, rendirent inutiles les charmes d'Ismene.

ACTEVRS.

ALADIN, Roy de Jerusalem.

ISMENE, Favori du Roy & Magicien.

CHOEUR D'OMBRES.

La Scene est dans une Mosquée où sont les Tombeaux des Rois de Ierusalem.　　　　D

I. INTERMEDE.
LES ENCHANTEMENS
D'ISMENE.

SCENE PREMIERE.

ALADIN. ISMENE.

ALADIN.

C'Est donc ici le lieu terrible,
Où quand vous l'ordonnez, l'Enfer vous est soumis ?
Helas ! s'il est possible,
Déchainez les Démons contre nos Ennemis.

ISMENE.

Retirez-vous importune lumiere :
Astre brillant qui nous donnes le jour,
Precipite ton cours, acheve ta carriere,
Laisse regner la nuit dans ce triste sejour.

ALADIN.

Le Soleil en fuiant va se cacher dans l'Onde :

La Nature étonnée obéït à vos Loix.

ISMENE.

Il faut, il faut que l'Enfer me réponde,
Et je vais redoubler les efforts de ma voix.

Reſtes affreux des plus grands Rois du Monde,
Et vous, qui repoſez dans le ſein de la mort,
Si je viens vous troubler dans voſtre paix profonde,
Manes, n'en accuſez que la rigueur du ſort.

ALADIN & ISMENE.

Nos cruels ennemis vont deſoler nos plaines;
Leur fureur en veut à nos jours,
Les Dieux ſont ſourds,
Nos larmes vaines,
L'Enfer ſeul ſenſible à nos peines
Peut nous donner un prompt ſecours.

ISMENE.

Vous qui regnez dans les demeures ſombres,
Et que l'on vit regner autrefois en ces lieux,
Venez, accourez fieres ombres,
Sortez, paroiſſez à mes yeux.

ALADIN.

Tout eſt ſoumis au pouvoir de vos charmes.

ISMENE.

Ie voy les abimes ouverts.

ALADIN & ISMENE.

Si le Ciel irrité contre nous prend les armes,
Le Ciel sera vaincu par les Enfers.

ALADIN.

Une noire vapeur tout à coup m'environne,
Ie sens trembler la terre sous mes pas.

ISMENE.

Ombres sortez, c'est moy qui vous l'ordonne,
Ombres sortez, & ne differez pas.

SCENE SECONDE.

ALADIN. ISMENE. CHOEUR D'OMBRES.

LE   CHOEUR D'OMBRES.

Voix funeste & cruelle,
Laisse les morts en paix.
Quand on est descendu dans la nuit èternelle,
On n'en doit plus sortir jamais.
Voix funeste & cruelle
Laisse les morts en paix,

ISMENE.

ISMENE.

Ecoutez un moment la voix qui vous appelle.

ALADIN & ISMENE.

Que nos malheurs
Puissent toucher vos cœurs.

ALADIN.

Si l'Enfer m'abandonne,
Ie perds la vie & la couronne.

ALADIN & ISMENE.

Armez-vous, armez-vous
De fureur & de rage.
Vangez-nous, vangez-nous;
C'est vostre sang que l'on outrage:
Que sous les plus terribles coups
Nos ennemis perissent tous.
Que le plus horrible carnage
Soit l'effet de vostre couroux.
Armez-vous, armez-vous
De fureur & de rage;
Vangez-nous, vangez-nous.

CHOEUR D'OMBRES.

En vain l'Enfer vous offre sa puissance,

Le Ciel rendra nos efforts superflus.

ALADIN & ISMENE.

Du moins ne perdons pas l'espoir de la vangeance,
Il peut seul adoucir le malheur des vaincus.

ISMENE.

Si l'Enfer ne peut rien, que devons-nous attendre?

UNE OMBRE seule à Ismene.

Pour la derniere fois je uais me faire entendre :
   Ma voix, mon nom te sont connus:
Ecoute, tremble, & ne me retien plus.

Ministre infortuné, pere plus miserable,
Ton sang, ton propre sang est fatal à ton Roy:
   Crains de connoistre le coupable,
En ce moment il s'arme contre toy.

ALADIN & ISMENE.

O sort injuste & déplorable!
   O le mortel effroy!

ISMENE.

Ombre atten....

ALADIN,
elle fuït.

ISMENE,

ombre atten…

L'OMBRE.

laiſſe moi.

AL'ADIN & ISMENE.

La cruelle! l'impitoyable!
Que ne peut-elle, helas! m'entrainer aprés ſoy!
O ſort injuſte & déplorable!
O le mortel effroy!

Fin du premier Intermede.

SUJET

DU SECOND INTERMEDE.

LEs enchantemens d'Ismene eurent d'abord quelque succés, & il est marqué dans le Tasse que Godefroy fut obligé de demeurer quelque temps éloigné de Jerusalem. Les Bergers du Jourdain allarmez à l'arrivée des troupes chrestiennes, avoient quitté leurs Hameaux, & s'estoient refugiez dans les Villes voisines. L'éloignement des Croisez les rasseura, ils revinrent dans leurs demeures ordinaires ; mais ils en furent bien-tost chassez par le retour des ennemis.

ACTEVRS.

TROUPE DE BERGERS.

TROUPE DE SOLDATS du Camp de Godefroy,

La Scene est sur les bords du Iourdain.

II.

II. INTERMEDE.

LES BERGERS

DU JOURDAIN.

SCENE PREMIERE.

UN BERGER.

Nous revoyons les lieux que nous avions quittez,
    Ils font encore arrofez de nos larmes.
Sur l'aile des Zephirs nos foupirs emportez,
Dans les climats voifins ont femé les allarmes,
Dont nos cœurs ont efté trop long-temps agitez.

Vains foupirs, triftes pleurs, enfin cedez aux charmes
Qui font regner la paix fur ces bords écartez.
    Nos fiers ennemis font domtez,
Et nos enchantemens font plus forts que leurs armes.
Vains foupirs, triftes pleurs, enfin cedez aux charmes
Qui font regner la paix fur ces bords écartez.

F

SCENE SECONDE.

TROUPE DE BERGERS.

LE CHOEUR.

Que c'est un plaisir extrême,
De revoir les lieux qu'on aime !

DESX BERGERS.

Quand nous serons dans nos Hameaux
Assis sur la verte fougere ;
Quand nous n'aurons plus rien à faire
Que de veiller sur nos troupeaux,
Nous chanterons au son des chalumeaux :
Que c'est un plaisir extrême,
De revoir les lieux qu'on aime !

LE CHOEUR.

Que c'est un plaisir extrême,
De revoir les lieux qu'on aime !

UN BERGER.

Reposons-nous sous ces ormeaux
Aprés un penible voyage :
Recommencez vostre ramage

Doux Roßignols, tendres oiſeaux,
Redites-nous dans vos concerts nouveaux :
    Que c'eſt un plaiſir extrême,
    De revoir les lieux qu'on aime !

LE CHOEUR.

    Que c'eſt un plaiſir extrême,
    De revoir les lieux qu'on aime !

UN BERGER.

Quand nous quittames ces beaux lieux
Pour fuir une guerre cruelle,
Preſſez d'une douleur mortelle,
Qui tiroit des pleurs de nos yeux,
Nous nous diſions dans nos derniers adieux :
    Que c'eſt un malheur extrême,
    De quitter les lieux qu'on aime !

LE CHOEUR.

    Que c'eſt un malheur extrême,
    De quitter les lieux qu'on aime !

DEUX BERGERS.

Raſſemblez-vous jeux innocens,
Venez regner deſormais dans nos plaines,
Comme un tonnerre affreux qui gronde peu de temps,
Nous avons veu paſſer nos peines,

Mais nos plaisirs seront constans.

UN BERGER.

La liberté sans l'esclavage,
La liberté ne plairoit pas.
Aprés un long orage
Le calme a des appas,
Et la saison nouvelle
Nous sembleroit moins belle,
Sans les glaçons & les frimats.

DEUX BERGERS.

Il n'est point de plaisirs plus parfaits que les nostres :
Non, il n'est point de plus parfait bonheur ;
Nous ne regnons pas sur les autres,
Mais nous regnons sur nostre cœur.

UN BERGER.

Nous reviendrons souvent sur ce rivage,
Nos troupeaux nous suivront dans ce charmant sejour ;
Où la fraicheur de ce bocage
Les deffendra de la chaleur du jour.
Et là couchez sous cet épais feüillage,
Nous apprendrons aux échos d'alentour :
Que c'est un plaisir extréme,
De revoir les lieux qu'on aime.

LE

LE CHOEUR.

Que c'est un plaisir extrême,
De revoir les lieux qu'on aime!

SCENE TROISIÉME.

TROUPE DE BERGERS.

TROUPE DE SOLDATS qu'on entend, & qu'on ne voit pas.

TROUPE DE SOLDATS.

*A*vançons, *haſtons-nous, retournons ſur nos pas,*
Le Ciel nous rappelle aux combats.

TROIS BERGERS.

Quels cris affreux ſe font entendre?

UN BERGER.

Evitons de cruels Soldats,
Dont la fureur veut nous ſurprendre.

CHOEUR DE SOLDATS.

Avançons, haſtons-nous, retournons ſur nos pas,
Le Ciel nous rappelle aux combats.

DEUX BERGERS.

O douce paix qu'on nous faisoit attendre,
Pourquoi ne revenez-vous pas?

UN BEREGER.

Il faut fuir pour jamais ces malheureux climats.

TROIS BERGERS.

Helas! helas!
Que c'est un malheur extrême,
De quitter les lieux qu'on aime!

CHOEUR DE SOLDATS.

Avançons, haftons-nous, retournons fur nos pas,
Le Ciel nous rappelle aux combats.

CHOEUR DE BERGERS.

Helas! helas!
Que c'est un malheur extrême,
De quitter les lieux qu'on aime

Fin du feçond Intermede.

SUJET

DU TROISIE'ME INTERMEDE.

ALadin & Ifmene attribuerent aux Chreftiens qui eftoient à Jerufalem, le peu de fuccés qu'eurent enfin leurs charmes; & pour s'en vanger, ils prirent la réfolution de faire mourir tous ceux qui faifoient profeffion de la Loy Chreftienne. On s'eft appliqué dans cet Intermede à faire voir les fentimens les plus genereux, que la pieté & la conftance Chreftienne puiffent infpirer à des hommes, qui s'eftimoient heureux de perdre la vie pour conferver leur foy.

ACTEVRS.

PHILAMENE,

MELEDOR, fils de Philamene.

TROUPE DE CHRESTIENS ENCHAISNEZ.

La Scene eft à Ierufalem dans le Palais du Roy.

III. INTERMEDE.
LA CONSTANCE
DES CHRÉTIENS.

SCENE PREMIERE.

PHILAMENE. MELEDOR.

PHILAMENE.

Qvoy ne sçavez-vous pas l'ordre injuste & bar-
bare,
Qu'un Roy cruel a porté contre nous?

MELEDOR.

I ignore quel destin sa fureur nous prépare,
Mais je suis prest à mourir avec vous.

PHILAMENE.

La Loy que nous suivons nous a rendu coupables,
Nous sommes condamnez au plus affreux trépas...
Mais non, mon fils, non vous ne mourrez pas,
Non, je ne verray point des mains impitoyables

Vous

*Vous chercher dans mon ſein, vous percer dans mes
bras.*

MELEDOR.

*Ceſſez de répandre des larmes :
Ah, mon Pere, eſt-ce ainſi que vous devez m'aimer ?*

PHILAMENE & MELEDOR.

*La mort n'a pour moy que des charmes,
Vous ſeul vous pouvez m'allarmer.*

PHILAMENE.

*Toy qui connois mon cœur, Ciel ! tu vois ma tendreſſe,
Tu ſcais que ſans regret je vais perdre le jour ;
Excuſe ma foibleſſe,
Fais grace à mon amour.*

PHILAMENE & MELEDOR.

*Excuſe ma foibleſſe,
Fais grace à mon amour.*

MELEDOR.

*Les tourmens n'ont pour nous qu'une douceur extrême,
Et ſi la mort nous rendoit moins heureux,
Sans ceſſe je ferois des vœux,
Pour en délivrer ce que j'aime.*

H

PHILAMENE.

Allez, mon fils, allez mourir,
Suivez l'ardeur qui vous anime;
Ie ne puis plus vous retenir sans crime,
Ie devance vos pas, j'aurois trop à souffrir,
Si j'estois reservé pour derniere victime.

PHILAMENE & MELEDOR.

Ie devance vos pas, j'aurois trop à souffrir,
Si j'estois réservé pour derniere victime.

SCENE SECONDE.

PHILAMENE. MELEDOR. TROUPE DE
Chrestiens enchaînez.

LE CHOEUR.

En perdant la liberté
Un triomphe éternel devient nostre partage:
Nos tourmens, nostre esclavage
Font nostre felicité.

PHILAMENE & MELEDOR,

Venez, venez, troupe fidelle,
Laissez-nous partager vos fers,

Une captivité si belle
Vaut l'empire de l'Univers.

UN CHRESTIEN.

Allez, allez chercher des chaînes,
On satisfera vos desirs :
Il faut avoir part à nos peines,
Pour avoir part à nos plaisirs.

PHILAMENE & MELEDOR

Allons, allons chercher des chaînes.

SCENE TROISIE'ME.

TROUPE DE CHRESTIENS ENCHAINEZ.

LE CHOEUR.

E N perdant la liberté
Un triomphe éternel devient nostre partage :
Nos tourmens, nostre esclavage
Font nostre felicité.

UN CHRESTIEN.

Avant que la mort nous separe,
Pour nous unir à jamais dans les Cieux,

Benissons mille fois le trépas glorieux,
 Que l'ennemi du Seigneur nous prépare.

TROIS CHRESTIENS.

Benissons mille fois le térpas glorieux,
 Que l'ennemi du Seigneur nous prépare.

LE CHOEUR.

Que nostre sort est doux!
 Qu'il est digne d'envie!
 Celui qui meurt pour nous
Nous voit pour lui perdre la vie.
 Que nostre sort est doux!

UN CHRESTIEN.

Le Dieu que nous servons sçait vanger l'innocence,
 Si quelquefois il la laisse opprimer,
 Tost ou tard il prend sa deffense.
 Pour nous qu'une autre récompense,
 Que le plaisir de la vangeance
 Dans nos combats doit animer,
Nous cherchons à mourir, & songeons à l'aimer.

UN CHRESTIEN.

Heureux qui vit sous son empire!
 Heureux qui cede à ses attraits vainqueurs!
 Il est exempt de répandre des pleurs,

Et

Et si l'amour fait qu'il soupire,
Que ses soupirs ont de douceurs!

LE CHOEUR.

Sous ses Loix dés qu'on s'engage,
On se fait un plaisir de la mort,
C'est un leger orage
Qui nous conduit au port.

UN ENFANT.

Dans les bras tremblans d'une mère,
Que nostre sort peut seul toucher,
Des Soldats inhumains sont venu nous chercher :
Allez, avons-nous dit, il n'est pas nécessaire
Qu'on vienne nous en arracher;
La mort n'a rien qui ne doive nous plaire.
Nous partons résolus d'immoler en un jour,
Et nostre vie, & nostre amour.

UN VIEILLARD.

Il m'en souvient, dans ma jeunesse
Ie disois souvent à mon cœur,
N'aime jamais que le Seigneur,
Lui seul merite la tendresse,
Déja j'aspirois au bonheur
De répandre pour lui mon sang dans ma vieillesse.

K

LE CHOEUR

Que noſtre ſort eſt doux !
Qu'il eſt digne d'envie !
Celui qui meurt pour nous,
Nous voit pour lui perdre la vie.
Que noſtre ſort eſt doux !

Fin du troiſiéme Intermede.

SUJET
DU QUATRIÉME INTERMEDE.

COmme toute la Tragedie de Sophronie eſt remplie de ſentimens de pieté, on a voulu terminer les Intermedes par le triomphe de la Vertu & de l'Amour divin. Cet Intermede a d'autant plus de rapport au cinquiéme Acte dont il eſt ſuivi, qu'on a tâché de le remplir des penſées qui font la concluſion de toute la piece Latine. Sophronie & Olinde qui en ſont les deux premiers perſonnages, aprés s'eſtre long-temps diſputé la gloire de mourir pour la foi Chrétienne dont ils faiſoient profeſſion ; & voyant que le Sultan eſtonné luy-meſme de leur generoſité & de leur pieté les condamnoit à vivre malgré eux, ils conſacrent au Dieu des Chreſtiens qu'ils ſervent, les reſtes d'une vie, qu'ils ſe feroient fait un plaiſir de perdre pour ſon amour.

ACTEVRS.

LA VERTU.
L'AMOUR DIVIN.
SUITE DE LA VERTU.
SUITE DE L'AMOUR DIVIN.

La Scene eſt dans le Temple de la Vertu.

IV. INTERMEDE

LE TRIOMPHE
DE LA VERTU
ET DE
L'AMOUR DIVIN.

SCENE PREMIERE.

LA VERTU. SUITE DE LA VERTU.

DEUX DE LA SUITE DE LA VERTU.

A Imons la Vertu, suivons son empire,
Il n'en est point de plus doux que le sien.

LE CHOEUR.

Aimons la Vertu, suivons son empire,
Il n'en est point de plus doux que le sien.

UN

UN de la suite de la Vertu.

Elle est l'unique bien
Qu'un cœur sage desire.

LE CHOEUR.

Aimons la Vertu, suivons son empire,
Il n'en est point de plus doux que le sien.

UN autre de la suite de la Vertu.

Quand pour elle on soupire,
On ne soupire plus pour rien.

LE CHOEUR.

Aimons la Vertu, suivons son empire,
Il n'en est point de plus doux que le sien.

UNE Compagne de la Vertu.

Les plaisirs que la Vertu cause,
N'ont jamais de fâcheux retours :
Heureux qui se propose,
De l'aimer toujours!

DEUX de la suite de la Vertu.

Le plus sage
Est celui qui s'engage
Le plustost sous ses Loix.

Il en est peu dans le bel âge,
Qui ne soient pas sourds à sa voix:
Mais quand une fois
On connoist l'avantage,
Qui suit un si beau choix,
On préfere son esclavage
Au bonheur des Rois.

DEUX autres de la suite de la Vertu.

Vertu douce & charmante
Regnez sur tous les cœurs,
D'une vie innocente
Nous goustons les douceurs.
Regnez sur tous les cœurs
Vertu douce & charmante;
. Tout doit estre sensible à vos appas vainqueurs.

Vertu douce & charmante
Regnez sur tous les cœurs.
Malheureux qui s'exemte
D'accepter vos faveurs!
Regnez sur tous les cœurs
Vertu douce & charmante;
On ignore avec vous les soupirs & les pleurs.

LA VERTU.

En vain vous célebrez ma gloire,

Un triomphe imparfait ne peut me contenter,
Ie ne sçaurois estimer ma victoire,
Tout son éclat ne sçauroit me flatter,
S'il est encor des cœurs qui m'osent résister.

La Vertu n'a point d'autres armes
Que les graces & les bienfaits.
Vous qui cherchez à vivre en paix,
Cedez, rendez-vous à ses charmes :
Vous qui cherchez à vivre en paix,
Laissez triompher ses attraits.

LE CHOEUR.

Nous qui cherchons à vivre en paix,
Cédons, rendons-nous à ses charmes :
Nous qui cherchons à vivre en paix,
Laissons triompher ses attraits.

SCENE SECONDE.

LA VERTU. L'AMOUR DIVIN.

Suite de la Vertu & de l'Amour Divin.

LA VERTU.

Divin Amour, quel dessein vous amene ?
Que j'aime à vous voir en ces lieux !

L'AMOUR DIVIN.

Ie tiens deux cœurs sous une même chaîne,
Enfin j'en suis victorieux.

Quand je fais des conquestes nouvelles
C'est à vous à me les asseurer ;
Mes victoires les plus belles
Sans la Vertu ne peuvent pas durer.

La Vertu & l'Amour Divin.

Unissons-nous, joignons nostre puissance,
Renouvellons un accord si charmant :
Il n'appartient qu'à nous de fixer l'inconstance
Des cœurs sujets au changement.

UN de la suite de la Vertu,

Ieunes cœurs qui commencez à vivre,
La Vertu vous invite à la suivre ;
Passacaille.   *Elle doit vous charmer,*
Et vous devez l'aimer.

LE CHOEUR.

Ieunes gens qui commencez à vivre,
La Vertu vous invite à la suivre ;
Elle doit vous charmer,
Et vous devez l'aimer.

UN

UN de la suite de l'Amour Divin.

Suivez l'amour que le Ciel vous inspire,
Il merite lui seul nos soins & nos desirs,
Et s'il faut tost ou tard qu'on soupire,
Ce n'est qu'au Ciel qu'il faut adresser ses soupirs.

UNE Compagne de la Vertu.

Tout finit, tout passe dans la vie,
De regrets elle est souvent suivie :
Les plaisirs & les jeux n'ont jamais un long cours,
On ne doit rien aimer qui ne dure toujours.

UN de la suite de la Vertu.

Venez tous, venez dans cet azile,
La Vertu le rend doux & tranquile,
On ne sçait pas les biens qu'elle nous fait gouster,
Nous qui les connoissons tâchons d'en profiter.

LE CHOEUR.

Venez tous, venez dans cet azile,
La Vertu le rend doux & tranquile,
On ne sçait pas les biens qu'elle nous fait gouster,
Nous qui les connoissons, tâchons d'en profiter.

LA VERTU & L'AMOUR DIVIN.

Des chaînes éternelles

Nous uniſſent tous deux.
Vous qui nous preſentez & vos cœurs & vos vœux,
Soiez toujours fideles,
Et vous ſerez toujours heureux,

Une Compagne de la Vertu, & un de la ſuite
de l'Amour Divin.

Allons cuëillir les palmes immortelles,
Qui doivent couronner nos deſſeins genereux :
Soions toujours fideles
Et nous ſerons toujours heureux.

LE CHOEUR.

Allons cuëillir les palmes immortelles
Qui doivent couronner nos deſſeins genereux :
Soions toujours fideles
Et nous ſerons toujours heureux.

Fin du quatriéme & dernier Intermede.